DEVENEZ UN PEUPLE D'HONNEUR

POUR DÉCOUVRIR LE SECRET DE LA LONGÉVITÉ
ET CONNAÎTRE LE SUCCÈS ININTERROMPU
SELON LE PLAN DE DIEU

DR JEAN HÉDER PETIT-FRÈRE

DEVENEZ UN PEUPLE D'HONNEUR

Publication de l'édition originale en langue française par :
Jean Héder PETIT-FRÈRE, D. Min.
Copyright ©2019, Tous droits réservés.

Les Editions Kingdom Records Unlimited (KRU)
www.krunltd.com
Pour l'édition originale, impression essai en langue française
Première impression, décembre 2020

Pour tout renseignement, veuillez vous adresser à :
Jean Héder PETIT-FRÈRE & Ministères (JHPFMI)
77, rue Cayemite prolongée, Waney 93
Carrefour, Haïti (W.I)
Téléphone : (509) 3939-1212
Site Web : www.jeanhederpetitfrere.com
Email : jhpetitfrere@gmail.com

Conception & mise en page : *ARTWORK.HT* (+509 2811 2811)

DU MÊME AUTEUR :

- *Comprendre l'autorité*
- *La loi incontournable de la succession*

(Deux sujets connexes qui faciliteront votre compréhension sur l'honneur et la nécessité de le cultiver.)

AUTRES OUVRAGES EN CIRCULATION :

- *Foi ou folie ?*
- *Maître, enseigne-nous à prier !*
- *Transformons la forme*
- *Comment bénir son enfant*

À PARAÎTRE :

- *Le fardeau de la démocratie*
- *Comprendre la prospérité*
- *Un Devoir de Mémoire*

SOMMAIRE

Préface	1
Introduction	5
1. La culture de l'honneur	9
De quoi s'agit-il réellement ?	9
2. Développez une attitude qui honore	11
Votre attitude détermine toujours votre altitude	11
3. L'honneur et le respect	12
Savoir dénouer le lien	12
4. Comment honore-t-on ?	14
S'attirer les faveurs de Dieu	14
5. L'échelle des honneurs	16
Qui et pourquoi honorer ?	16
6. Comment montrons-nous de l'honneur ?	44
Mettons notre devoir au propre	44
7. Comment restaurer l'honneur	47
Repartir à zéro	47
Conclusion	50

Préface

De tout temps ou presque, c'est l'ego qui domine chez l'être humain. Aussi bien les jeunes gens que chez les êtres les plus âgés, on ne comprenait pas qu'il faille accorder de l'importance à une idée qui paraissait comme un relent du passé. Aujourd'hui, il parait dément qu'une telle question soit encore de taille. Parler d'honneur, en effet, n'est-ce pas perpétuer une approche statique, désuète et sans aucune portée véritable dans le cheminement de la vie ? Ne faut-il pas de préférence orienter les esprits vers l'essentiel, à savoir l'amour, la prospérité ou la sainteté ?

Dans cet ouvrage, le D^r. Jean Héder PETIT-FRÈRE développe le concept de l'honneur suivant une perspective visionnaire, optimiste et mieux comprise. Il le débarrasse de tout soi-disant non-sens pour lui redonner tout le sel dont on le privait depuis toujours.

L'honneur qui est dû aux parents, aux autorités spirituelles, scolaires ou étatiques est celui qu'on accorde au Seigneur qui est lui-même l'autorité de laquelle émane toute autre forme d'autorité. Ne nous méprenons pas !

Moïse n'avait jamais manqué à l'obéissance à Dieu. Il L'honorait envers et contre tout. Cependant, un seul faux pas de la part de ce fervent serviteur lui avait coûté la prohibition au pays de Canaan. Jonathan meurt prématurément parce qu'il déshonorait Saül, son père. Le déshonneur est source de malédiction et de mort.

De plus, Connaissant l'homme, qui fut une « *argile* » docile et appliquée, homme qui a toujours su montrer l'honneur à qui l'honneur est dû, il est évident qu'il ne pourrait se trouver un meilleur auteur pour une telle tâche. Il n'est pas donné à tous de parler de l'honneur. Mais l'éminence de ce fils bien-aimé s'élève en la matière et fait autorité.

Préface

Puisse toute cette démarche vous aider à redonner au mot « honneur » toute sa force d'évocation et à enrichir notre perception des choses une lucidité plus grande. Sensible à la dimension dramatique de l'existence, vous pourrez vous engager d'une façon plus dévouée dans l'aventure humaine qui s'offre à vous. Vous saurez tourner votre regard vers Dieu qui Se dévoile à vous et vous rend capable de vous acquitter de votre devoir d'honorer ceux qui doivent l'être, donc, de vaincre.

Ensemble, dans la Vigne du Seigneur.

Évêque Joël R. JEUNE

Introduction

Parmi les problèmes majeurs qui affectent l'ensemble de l'humanité, à l'heure actuelle, figure le fait que l'état de santé spirituelle de presque chaque individu est inférieur à ce qu'il devrait être. Malgré l'étendue de son jugement, son aptitude intellectuelle et physique, en dépit de nombreux progrès technologiques et des récentes découvertes en sciences, l'homme ne jouit guère d'une spiritualité rayonnante et de la vitalité immanente à sa nature véritable.

L'erreur, c'est de croire et de faire accroire à d'autres que seuls certains individus « *spéciaux* » possèdent une spiritualité dont ils peuvent se servir pour leur propre bien-être et celui de leur environnement. Or, nous sommes tous spirituels de nature, des esprits vivant dans une enveloppe de chair éphémère.

Beaucoup de valeurs sont perdues, d'énormes potentiels sont restés inexploités, maints d'efforts vers l'émancipation sont négligés, et notre race se perpétue dans une folie qui porte à sacrifier l'éternel au profit du périssable et ainsi, à poursuivre sa descente dans la fosse inextricable de la chair et de la décrépitude morale, physique et donc spirituelle.

Entre autres besoins se trouvant à la base de cette déchéance de l'homme, il y a son harmonie avec Dieu. Or, beaucoup de choses passent par ce chemin spirituel et harmonieux.

Introduction

C'est le plus souvent la voie que l'homme évite. Redoutant encore une possibilité que les lois divines puissent être édictées pour le maintenir en laisse, l'homme a tendance à les omettre et à suivre sa propre voie : la liberté.

Le besoin de vivre pleinement notre potentiel en tant qu'être doué de pouvoirs et d'hégémonie sur toute la création, notre devoir est par-dessus tout celui de prendre conscience de notre liaison incontournable avec la Source Créatrice afin d'en soutirer le maximum de profit.

Dorénavant, le résultat que nous croyons impossible d'obtenir de notre nature n'est pourtant pas la mer à boire. Si vous m'aimez, nous apprend le Christ, observez mes lois. C'est aussi simple que ça ! En effet, les lois dont il est question ici ne sont pas pénibles.

« Ce commandement que je te prescris aujourd'hui n'est certainement point au-dessus de tes forces et hors de ta portée. Il n'est pas dans le ciel, pour que tu dises : qui montera pour nous au ciel et nous l'ira chercher, qui nous le fera entendre, afin que nous le mettions en pratique ? Il n'est pas de l'autre côté de la mer, pour que tu dises : qui passera pour nous de l'autre côté de la mer et nous l'ira chercher, qui nous le fera entendre, afin que nous le mettions en pratique ? C'est une chose, au contraire, qui est tout près de toi, dans ta bouche et dans ton cœur, afin que tu la mettes en pratique. » **(Deutéronome 30 : 11-14)**

Ayant appris les règles, il faut ensuite ne plus les contourner. L'harmonie entre l'homme et son Créateur passe par son union avec son semblable.

Si nous n'avons aucun égard pour notre prochain que nous pouvons voir, comment pouvons-nous en avoir pour Dieu que nous ne pouvons pas voir ? Il va sans dire que lorsque nous développons la cohésion, entretenons l'harmonie, l'amour et le respect envers autrui, nous honorons notre Créateur et Lui sommes agréables. Cela, j'endosse la responsabilité de le dire, est sans équivoque dans tous les sens.

« *Vous saurez que vous m'aimez effectivement lorsque vous vous aimez les uns les autres.* »

Le vin est maintenant tiré. Nous sommes contraints de progresser même si pour cela nous devons nous servir de béquilles. Il est en effet permis de nous appuyer sur les autres si cela nous permettra à l'avenir de marcher seul. Personne n'a été créée pour survivre seule de toute façon. Notre spiritualité (*notre union avec notre Créateur*) est trop importante pour la négliger à ce point. Elle n'est pas qu'une étape nécessaire pour parvenir à une vie pleine et heureuse, mais elle demeure l'ultime but de l'existence humaine. « *Écoutons la fin du discours : crains Dieu et observe ses commandements. C'est là ce que doit tout homme.* » **Ecclésiaste 12, 13**.

1. La culture de l'honneur
De quoi s'agit-il réellement ?

Quand un lecteur lucide et perspicace va marmonner le titre de ce livre, il lui viendra d'emblée à l'esprit, et cela j'en suis absolument sûr, la question suivante : De quoi y parle-t-on exactement ? Ou du moins, à quoi rime une culture de l'honneur de nos jours ? Une telle question revêt une importance considérable.

En effet, l'honneur est et a toujours été un sujet très impopulaire et qui suscite de nombreuses aversions. L'évidence en est que vous pouvez compter sur les doigts de votre main le nombre de livres qui en parlent. Ce qui fait qu'il y a plusieurs personnes dont le sujet abuse l'entendement, plein d'autres qui ne cherchent pas à en avoir une meilleure compréhension et d'aucuns que celui-ci indiffère tout simplement.

Pourtant, une culture de l'honneur est une pratique simple, aisée et avantageuse. C'est un simple « *commandement* », nous dirait la Bible ; mais pas n'importe lequel. Un commandement jumelé à une promesse et dont l'observance n'est ni plus ni moins qu'une opportunité qui nous est offerte pour écrire et réécrire les pages blanches d'une vie abondante, heureuse et longue.

De ce fait l'honneur est ici décrit, dans cet ouvrage, comme étant une pratique de l'humilité dans la reconnaissance. Le fait de mettre de l'accent sur ce qui est reconnu comme ayant de la valeur chez une personne émérite.

1. La culture de l'honneur

Une méthode consistant à faire accroître l'enchère de quelqu'un en milieu approprié ou défavorisé.

En d'autres termes, nous développons l'honneur par des formes acquises de comportements qui exhaussent un personnage précis au regard de la société. Par exemple, lorsqu'ouvertement vous honorez votre père par des gestes modestes et opportuns, vous ajoutez de la valeur à ce que les autres avaient déjà comme perception de lui et vous lui attirez les projecteurs de l'admiration et de la haute estime.

Par ailleurs, du point de vue de Dieu, la culture de l'honneur est avant tout une « *loi* ». Or, on n'est pas sans savoir que dans le domaine de la législation, aucune application ni dérogation ne demeurent pas sans effet. Ce qui veut dire que dans le monde spirituel, la culture de l'honneur ou de son contraire produit soit une conséquence, soit une récompense : « *J'honore ceux qui M'honorent* », est-il péremptoirement édicté dans le livre du prophète Ésaïe.

Il va de soi que ceux qui ne pratiquent pas l'honneur ne seront pas considérés à leur tour. Car il faut vider ici pour condenser ailleurs. Il faut élever aujourd'hui pour être élevé demain. La graine que nous semons dans le présent, nous le moissonnerons au centuple bientôt et cela à coup sûr.

2. Développez une attitude qui honore
Votre attitude détermine toujours votre altitude

Le mot « *attitude* » indique sans équivoque un aspect fondamental de l'honneur. Il révèle qu'une telle vertu ne peut être développée dans l'indifférence, qu'il est reconnu quand il est là et que cela est toujours évident. En fait, une attitude dit quasiment tout. Votre attitude n'est jamais muette, elle parle plus fort que ne témoignent des mots, elle résonne plus vif, plus perçant que ne claironnent des trompettes. Elle accuse, défend, prouve et désapprouve. Ainsi, reconnaît-on l'honneur ou la flétrissure à l'attitude de la personne qui les entretient et non à sa passivité ou à sa froideur vis-à-vis d'un personnage émérite.

Par conséquent, une attitude honorifique ne capitalise pas sur le fait que la personne (*qui en est l'objet*) soit en droit d'être appréciée, jaugée ou évaluée. Elle va bien au-delà. L'honneur que l'on confère à une personne révèle une allégeance inconditionnelle à cette personne. En d'autres termes, il faut voir en l'attitude de celui qui honore une soumission adhérente, une humilité indescriptible, une estime rare et exceptionnelle.

Une attitude qui honore décrit sans ambages votre position par rapport à la personne que vous estimez. Elle vous pousse à agir dans le respect le plus total, la soumission la plus appropriée et l'humilité la plus absolue. C'est un choix non un ordre, une affaire de cœur non un geste pour s'attirer les regards. Une attitude honorifique prend naissance dans l'âme et s'achemine dans nos moindres faits et gestes. Elle se manifeste par un comportement qui élève et qui magnifie. Autant dire que personne n'honore sans être au préalable passionnée, respectueuse, soumise et libre. Dans le monde spirituel, c'est votre attitude qui crayonne votre altitude.

3. L'honneur et le respect
Savoir dénouer le lien

Aussi jumelant qu'ils puissent paraître, l'honneur diffère du respect. Cela est une nuance qui me semble à priori irrécusable. Le respect peut être un moyen pour légitimer l'honneur et donc, ne peut être l'honneur en aucun cas. Par contre, on peut honorer quelqu'un sans le respecter, tandis que l'inverse n'est pas toujours et nécessairement vrai.

Une conduite déférente, même si elle est une composante de l'« *honneur* », est incomplète en elle-même. L'honneur apparaît dès que vous reconnaissez ce que vaut le personnage éminent auquel vous réagissez ou devez réagir. Le respect met l'accentue sur le comportement que vous adoptez à son égard. Pour faire court, respecter un personnage distingué, c'est faire à son égard la chose appropriée, alors que l'honorer vient du cœur. En d'autres termes, on n'est pas forcé de faire ce qu'on fait, on le fait librement, par devoir moral et avec amour.

Alors que le respect met l'accent sur les mœurs et le comportement approprié en présence d'un personnage supérieur (*tant par la hiérarchie que par l'expérience*), l'honneur, quant à lui, enseigne quelque chose de plus profond : une appréciation particulière vis-à-vis de la personne elle-même et non ce qu'elle vaut ou ce qu'elle fait.

Pour respecter quelqu'un, il faut le juger c'est-à-dire l'évaluer ; tandis que l'honneur s'attache à la position de la personne.

À noter que l'Écriture nous fait injonction d'honorer nos pères et mères, que leur existence soit bonne ou mauvaise ; c'est-à-dire indépendamment de leur dévouement, de leur sensibilité ou de faiblesse. Admettons que, selon toi, ton père n'est pas digne d'être honoré, fais-le au moins par égoïsme sachant les bénéfices qui s'y rattachent. Car seuls les insensés n'honorent pas. (Eph. 6, 3)

Le respect peut devenir une technique extérieure pour établir une familiarité apparemment bien en forme. Cependant, l'honneur construit des liens cachés qui fournissent une grande force et une unité de longue durée. C'est une chose que d'obéir à un enseignant par respect pour sa position, c'en est une autre que de témoigner de l'honneur envers lui, parce que vous reconnaissez et encensez sa valeur en tant que personne.

4. Comment honore-t-on ?
S'attirer les faveurs de Dieu

L'on dit que tout ce qui mérite d'être fait mérite d'être bien fait. C'est un principe applicable tant dans le domaine de l'appréciation des gens que dans les sphères du travail ou de l'accomplissement d'une tâche. En fait, pour bien nous acquitter de notre tâche d'honorer un supérieur auquel nous sommes subordonnés et à qui nous devons « *inconditionnellement* » soumission, respect et obéissance, il est crucial que nous comprenions deux choses :

D'abord, l'honneur est dû à la position alors qu'honorer une personne en position d'autorité est pratique et exige plus que l'usage de simples petits mots.

En effet, quand les gens sont honorés dans la Bible, ils le sont principalement à cause de la position qu'ils occupent. Et donc, ceux dont nous sommes ordonnés et tenus d'honorer, selon les instructions bibliques, sont le plus souvent ceux qui tiennent une certaine position de distinction. Par exemple, Dieu est honoré parce qu'Il est le Dieu souverain de l'univers. De même que les rois, les dirigeants et les maîtres sont tous dignes d'estime et de considération, aussi tout parent mérite d'être révéré du fait de sa position d'autorité dans la famille.

Une fois que la question de la position d'honneur est établie, reste à savoir comment mettre notre devoir au propre. Nous avions attesté plus haut que l'honneur est avant tout une attitude, c'est-à-dire un parfum de bonne odeur qui s'exhale du cœur et non de simples verbiages creux et redondants s'échappant de la bouche. Honorer, disions-nous tantôt, est pratique et exige plus que des mots :

La Bible dit : « *Ce peuple se tourne vers moi, mais ce n'est qu'en paroles, et il me rend hommage, mais c'est du bout des lèvres : car au fond de son cœur, il est bien loin de moi, et la vénération qu'il me témoigne n'est faite que de règles que des hommes lui ont enseignées.* » (**Ésaïe 29, 13**)

L'honneur que Dieu exige de l'homme est une attitude qui doit se traduire concrètement, qu'elle soit dirigée vers Dieu ou vers les hommes. L'honneur est manifeste.

L'acte d'honorer les parents ou toute autre autorité commence avec une attitude de respect pour eux. Ainsi, lisons-nous dans la Bible :

« *Que chacun de vous respecte sa mère et son père, et observe les jours de repos que j'ai prescrits. Je suis l'Éternel, votre Dieu.* » (**Lévitique 19, 3**)

Pour exprimer cette attitude d'estime, il faut poser l'action d'honorer, et elle est supposée être généralement publique. Ainsi, et le mari et les enfants sont exhortés à louer la femme pieuse en public :

« *Ses enfants se lèvent et la disent bienheureuse, et son mari aussi fait son éloge : Il y a bien des filles qui montrent leur valeur, mais toi, tu les surpasses toutes. La grâce est décevante et la beauté fugace ; la femme qui révère l'Éternel est digne de louanges. Donnez-lui donc le fruit de son travail ! Qu'on dise ses louanges aux portes de la ville pour tout ce qu'elle fait !* » (**Proverbes 31, 28-31**)

5. L'échelle des honneurs
Qui et pourquoi honorer ?

Considéré en lui-même et indépendamment de son application particulière, l'honneur est une obligation spirituelle et probe, une éthique à laquelle nous consentons par loi, convenances ou circonstances. Nous comprenons par-là toute l'importance que Dieu accorde à l'honneur et combien il est crucial que nous refusions de traiter avec déshonneur les autorités établies dans notre vie. Ainsi, qu'elle soit spirituelle, parentale, scolaire, étatique, hiérarchique ou seulement morale, toute autorité mérite que nous l'honorions parce que, tout simplement, c'est un commandement de Dieu avec une promesse.

a. Le premier échelon de l'échelle des honneurs : Dieu

Dieu est la première autorité qui mérite que nous l'honorions. Or, il existe bien des moyens qui nous facilitent cette tâche. Cela veut dire tout honneur que nous accordons que ce soit à nos parents, à notre pasteur, professeur ou directeur d'école, superviseur de travail, l'état entre autres, nous le faisons par révérence pour Dieu qui nous recommande formellement d'honorer toute autorité.

Nous ne pouvons pas apprendre à honorer les autres, si nous n'apprenons pas à honorer Dieu premièrement. Lorsque notre amour, notre respect et honneur envers le Seigneur sont profonds, nous ne ferons rien qui puisse Lui déplaire. Cela implique que nous honorons les autres selon les vœux de notre Seigneur. Car, honorer un personnage supérieur est l'un des plus grands actes d'humilité. Cela ne vous rapetisse pas, mais témoigne de votre grandeur aux yeux de Dieu.

Jésus a dit : « *Je n'ai point de démon ; mais j'honore mon Père, et vous m'outragez.* » C'est-à-dire vous me déshonorez. (**Jean 8, 49**)

Dieu, le Père honorait Jésus, le Fils. Jésus répondit : « *Si je me glorifie moi-même, ma gloire n'est rien. C'est mon père qui me glorifie, lui que vous dites être votre Dieu,* » (**Jean 8 :54**) Jésus honorait le Saint-Esprit en nous montrant les conséquences, si nous Le blasphémons :

« *Et quiconque parlera contre le Fils de l'homme, il lui sera pardonné ; mais à celui qui blasphémera contre le Saint-Esprit il ne sera point pardonné.* » (**Luc 12, 10**)

Le Saint-Esprit, pour sa part, confère de l'honneur à Jésus en nous rappelant toutes les choses qu'Il avait dites : « *Mais le consolateur, l'Esprit Saint, que le Père enverra en mon nom, vous enseignera toutes choses, et vous rappellera tout ce que je vous ai dit.* » (**Jean 14, 26**).

Le Père honore tous ceux et celles qui servent Jésus : « *Si quelqu'un me sert, qu'il me suive ; et là où je suis, là aussi sera mon serviteur. Si quelqu'un me sert, le Père l'honorera.* » (**Jean 12,26**)

Il ne devrait pas y avoir de scandales sexuels et de mauvaise conduite au sein de l'Église. Si tel est le cas, c'est un signe de déshonneur total vis-à-vis de Dieu. Observons le comportement de Joseph au trente neuvième chapitre du livre de Genèse au verset neuf : « *Il n'est pas plus grand que moi dans cette maison, et il ne m'a rien interdit, excepté toi, parce que tu es sa femme. Comment ferais-je un aussi grand mal et pécherais-je contre Dieu.* »

5. L'échelle des honneurs

b. Le deuxième échelon de l'échelle des honneurs : le prophète

Le terme « *prophète* » désigne toute autorité spirituelle à laquelle une personne consent et accorde son allégeance. Toute autorité à laquelle nous sommes subordonnés. Dans les temps anciens, les prophètes étaient considérés comme des révélateurs. Des serviteurs révélant les dons que Dieu nous accorde à tous. Nous devons respect et honneur au prophète parce qu'il représente notre connexion spirituelle à la bénédiction qui nous est dévolue. Car ce que nous honorons et respectons, nous l'attirons. Ce que nous méprisons et négligeons, nous le repoussons.

La Bible dit : « *Celui qui honore un prophète recevra une récompense de prophète.* » La récompense du prophète est une faveur décuplée de l'honneur (*tant sur le plan qualitatif que sur le plan quantitatif*) qu'on a investi dans la vie d'un personnage émérite. Il s'agit de toute largesse divine qui satisfait amplement notre attente et au-delà.

Dans I Rois 17, la veuve de Sarepta honora le prophète Élie. Elle put expérimenter, à cause de son geste « *extravagant* » et de son attitude délibérée, l'abondance de Dieu. Pendant longtemps, elle eut de quoi manger, elle et sa famille, aussi bien qu'Élie. La farine qui était dans le pot ne manqua point, et l'huile qui était dans la cruche ne diminua point, selon la parole que l'Éternel avait prononcée par l'entremise de son prophète. Plus loin, cette veuve n'a pas seulement bénéficié la large substance divine mais aussi de la puissance résurrectionnelle dont Dieu avait revêtu son prophète.

« *Après ces choses, le fils de la femme, maîtresse de la maison, devint malade, et sa maladie fut si violente qu'il ne resta plus en lui de respiration. Cette femme dit alors à Élie : Qu'y a-t-il entre moi et toi, homme de Dieu ? Es-tu venu chez moi pour rappeler le souvenir de mon iniquité, et pour faire mourir mon fils ?*

Il lui répondit : Donne-moi ton fils. Et il le prit du sein de la femme, le monta dans la chambre haute où il demeurait, et le coucha sur son lit. Puis il invoqua l'Éternel, et dit : Éternel, mon Dieu, est-ce que tu affligerais, au point de faire mourir son fils, même cette veuve chez qui j'ai été reçu comme un hôte ? Et il s'étendit trois fois sur l'enfant, invoqua l'Éternel, et dit : Éternel, mon Dieu, je t'en prie, que l'âme de cet enfant revienne au dedans de lui !

L'Éternel écouta la voix d'Élie, et l'âme de l'enfant revint au dedans de lui, et il fut rendu à la vie. Élie prit l'enfant, le descendit de la chambre haute dans la maison, et le donna à sa mère. Et Élie dit : Vois, ton fils est vivant.

Et la femme dit à Élie : Je reconnais maintenant que tu es un homme de Dieu, et que la parole de l'Éternel dans ta bouche est vérité. » (**Versets 17 à 24**)

Dans I Samuel 1, Anne honorait Éli dans la façon dont elle s'adressait au prophète. Celui-ci put ensuite relâcher en sa faveur une bénédiction qui la rendait heureuse pour le restant de ses jours. Dans le cours de l'année, rapporte la Bible, Anne devint enceinte, et elle enfanta un fils, qu'elle nomma Samuel. La récompense de cette femme ne se limitait pas à ce garçon. Elle écrivit plus tard un cantique dans lequel elle révèle la dimension de la largesse qu'elle a expérimentée : « *Même la stérile enfante sept fois.* » (**I Samuel 2 : 5c**)

Bien que le Sacrificateur ait été en situation de disgrâce devant Dieu, mais il n'appartenait pas à la femme d'évaluer la situation de l'homme en question. Combien d'entre certaines aujourd'hui auraient raté cette bénédiction au point qu'elles répliqueraient en donnant des réponses dures à l'homme de Dieu. Mais la position d'autorité qu'il détenait fait qu'il a pu proférer une parole de bénédiction pour confirmer le miracle

5. L'échelle des honneurs

dont Anne avait désespérément besoin.

« Comme elle restait longtemps en prière devant l'Éternel, Éli observa sa bouche. Anne parlait dans son cœur, et ne faisait que remuer les lèvres, mais on n'entendait point sa voix. Éli pensa qu'elle était ivre, et il lui dit : Jusques à quand seras-tu dans l'ivresse ? Fais passer ton vin.

Anne répondit : Non, mon seigneur, je suis une femme qui souffre en son cœur, et je n'ai bu ni vin ni boisson enivrante ; mais je répandais mon âme devant l'Éternel. Ne prends pas ta servante pour une femme pervertie, car c'est l'excès de ma douleur et de mon chagrin qui m'a fait parler jusqu'à présent.

Éli reprit la parole, et dit : Va en paix, et que le Dieu d'Israël exauce la prière que tu lui as adressée ! Elle dit : Que ta servante trouve grâce à tes yeux ! Et cette femme s'en alla. Elle mangea, et son visage ne fut plus le même. » (**Verset 12 à 18**)

Inversement, la Bible relate que partout où Jésus se rendait, des miracles inouïs se concevaient par sa simple présence, excepté dans sa propre ville natale. Car en ce lieu, Nazareth, les gens le prenait non pour quelqu'un d'important, mais le percevaient comme le fils « éculé » d'un vulgaire charpentier, un homme sans grande stature et dont l'immensité était négligeable. En fait, la valeur que les natifs de Jésus lui accordaient était mesurée à l'aune de son apparence physique et de la grandeur de la famille dont il était issu.

Le miracle auquel les pharisiens s'attendaient était, au sens littéral du mot grec, un signe spectaculaire aux proportions astronomiques. Cela signifie que ce prodige était censé exprimer ou justifier l'autorité que Jésus revendiquait. Cependant, aucun autre signe ne leur sera donné que celui de sa résurrection (*ou glorification*), qui sera le message ultime et dont ici l'annonce leur était voilée.

« Alors quelques-uns des scribes et des pharisiens prirent la parole, et dirent : Maître, nous voudrions te voir faire un miracle. Il leur répondit : une génération méchante et adultère demande un miracle ; il ne lui sera donné d'autre miracle que celui du prophète Jonas. Car, de même que Jonas fut trois jours et trois nuits dans le ventre d'un grand poisson, de même le Fils de l'homme sera trois jours et trois nuits dans le sein de la terre. » (**Matthieu 12, 38-40 ; voir aussi Luc 11, 16**).

« Jésus leur dit : un prophète n'est méprisé que dans sa patrie, parmi ses parents et dans sa famille. Il ne put faire là aucun miracle, si ce n'est qu'il guérit quelques malades en posant les mains sur eux. » (**Marc 6, 4-5**)

Là où les leaders sont honorés comme il se doit, selon les normes bibliques et règles de l'art, cela leur permet de prononcer la bénédiction sur la vie des gens. Souvent, ce n'est pas un manque d'onction de la part du leader qui empêche les gens d'être élevés de manière significative sous le parapluie d'un ministère, mais un manque de démonstration d'HONNEUR vis-à-vis de l'homme de Dieu. Lorsque les gens commencent par montrer de l'honneur, de plus en plus de bénédictions et de grâces seront relâchées comme il se doit sur leur vie.

c. Le troisième échelon de l'échelle des honneurs : nos parents

Les « *parents* », dans le contexte de notre approche, ne désignent pas que des géniteurs. Nous entendons donc par « *parent* » toute personne jouant ou censée jouer un rôle garant et responsable dans notre vie tant sur le plan physique, éducationnel, moral, émotionnel ou spirituel. Ainsi, un pasteur est un « *parent spirituel* » pour avoir la lourde tâche d'entretenir notre bien-être spirituel, moral et émotionnel. Dans le même contexte, un tuteur légal, un parent adoptif, un professeur de

5. L'échelle des honneurs

classe sont tous autant des parents et doivent être traités au même titre qu'un géniteur.

Ainsi, pour faire court, un parent légal peut un géniteur ou une personne adoptive. Quelqu'un avec qui vous vivez, qui est responsable de vous ou qui prend soin de vous en l'absence de vos géniteurs biologiques. Cela inclut les grands-parents, les parents adoptifs, les tuteurs légaux, les frères et sœurs aînés, les beaux-parents, les oncles et tantes.

Dans la Bible, il est formellement recommandé d'honorer et de respecter nos parents. Nos parents (*biologiques ou non*) méritent que nous les honorions, qu'ils aient joué leur rôle ou non dans notre vie. Nous devons les honorer en dépit de ce qu'ils ont fait pour nous ou non.

Nous devons pardonner à nos parents pour les torts qu'ils semblent ou non commis contre nous et pour l'amour du Seigneur qu'ils nous procurent. Pour honorer Dieu, nous devons commencer par les honorer. Ils nous ont donné le plus grand cadeau : la Vie. Honorez Dieu de ce qu'il les a utilisés pour nous donner cette vie. De plus, c'est seulement lorsque nous honorons nos parents ou ceux qui ont pris soin de nous (*parents adoptifs, tuteurs*) nous pouvons commencer à nous affranchir des malédictions qui pèsent sur notre vie.

Voici quelques passages bibliques qui méritent amplement que nous réfléchissions sur la question de l'honneur et que nous reconsidérions peut-être nos agissements habituels vis-à-vis de nos parents, quels qu'ils soient. :

« *L'œil qui se moque d'un père et qui dédaigne l'obéissance envers une* mère, les corbeaux du torrent le perceront, et les petits de l'aigle le mangeront. » **(Proverbes 30, 17)**

« *Honore ton père et ta mère ; c'est le premier commandement avec une promesse.* » **(Éphésiens 6, 2)**

« *Honore ton père et ta mère, afin que tes jours se prolongent dans le pays que l'Éternel, ton Dieu, te donne.* » **(Exode 20, 12)**

« *Un fils honore son père, et un serviteur son maître. Si je suis père, où est l'honneur qui m'est dû ? Si je suis maître, où est la crainte qu'on a de moi ? Dit l'Éternel des armées à vous, sacrificateurs, qui méprisez mon nom, et qui dites : En quoi avons-nous méprisé ton nom ?* » **(Malachie 1, 6)**

Sur le plan collectif, il est important d'honorer les pères dans la maison. Par exemple, dans I Samuel 20, David n'a jamais manqué de convenance envers son « *père* », Saül, son maître et son roi, malgré les diverses tentatives de ce dernier de porter atteinte à la vie de son protégé. À l'inverse, Jonathan l'a montré ouvertement, dans l'impolitesse vis-à-vis de son père, et pour fin, sa vie a été écourtée tandis que David a accédé au trône à la place de Saül. Scrutons succinctement le texte :

« *Et Saül dirigea sa lance contre David pour le frapper. Jonathan comprit que c'était chose résolue chez son père que de faire mourir David. Il se leva de table dans une ardente colère, et ne participa point au repas le second jour de la nouvelle lune ; car il était affligé à cause de David, parce que son père l'avait outragé.* » **(Versets 33 et 34)**

5. L'échelle des honneurs

Jonathan fut en colère contre son père à cause du mauvais traitement infligé à David. Il affichait une mauvaise conduite envers son père, même si celui-ci n'avait pas de raisons légitimes pour vouloir autant à la vie de son serviteur.

Ce même Jonathan, encore lui, avait auparavant mal réagi après avoir entendu l'édit du roi, son père, portant la mention d'interdiction de ne pas manger au cours d'une bataille contre les Philistins. Il sapait l'autorité du roi, son propre père, en prétendant et sans chercher à connaitre la raison, que son père jeta du trouble au milieu de son peuple d'Israël. En signe de conséquence, sa vie a été détruite au combat.

« La journée fut fatigante pour les hommes d'Israël. Saül avait fait jurer le peuple, en disant : Maudit soit l'homme qui prendra de la nourriture avant le soir, avant que je ne me sois vengé de mes ennemis ! Et personne n'avait pris de nourriture. Tout le peuple était arrivé dans une forêt, où il y avait du miel à la surface du sol. Lorsque le peuple entra dans la forêt, il vit du miel qui coulait ; mais nul ne porta la main à la bouche, car le peuple respectait le serment.

Jonathan ignorait le serment que son père avait fait faire au peuple ; il avança le bout du bâton qu'il avait à la main, le plongea dans un rayon de miel, et ramena la main à la bouche ; et ses yeux furent éclaircis.

Alors quelqu'un du peuple, lui adressant la parole, dit : ton père a fait jurer le peuple en disant : « Maudit soit l'homme qui prendra de la nourriture aujourd'hui ! Or le peuple était épuisé. Et Jonathan dit : Mon père trouble le peuple ; voyez donc comme mes yeux se sont éclaircis, parce que j'ai goûté un peu de ce miel. Certes, si le peuple avait aujourd'hui mangé du butin qu'il a trouvé chez ses ennemis, la défaite des Philistins n'aurait-elle pas été plus grande ? » (**I Samuel 14, 24-30**)

Ainsi que nous pouvons le comprendre, honorer les parents ou toute autre autorité supérieure veut tout simplement dire : reconnaître leur valeur, leur attribuer notre respect, indépendamment de leurs choix, de leurs agissements ou de leur position sociale.

« Puisqu'il en est ainsi, voici ce que moi, l'Éternel, le Dieu d'Israël, je déclare : J'avais promis à ta famille et à celle de tes ancêtres que vous seriez toujours chargés du service devant moi. Mais à présent, moi l'Éternel, je le déclare : c'est fini ! Car j'honorerai ceux qui m'honorent, mais ceux qui me méprisent seront à leur tour couverts d'opprobre. » (**1 Samuel 2 : 30**)

Quant aux autorités spirituelles, nous pourrions témoigner de la plus grande considération publique à notre pasteur, lui offrir un présent qui équivaudrai la moitié de nos biens, si nous prenons le malin plaisir à le critiquer, à dire du mal de lui ou à nous complaire avec ceux qui le font, à ce moment-là nous montrons du déshonneur envers sa personne.

Les gens peuvent-ils expérimenter la maladie en transgressant ou en ignorant un tel principe ? N'est-il pas nécessaire quelque fois, au lieu d'indiquer aux gens une ligne de guérison, de leur enseigner les causes profondes possibles des maladies auxquelles ils ont dû faire face pour ainsi obtenir leur propre guérison ?

Honorez vos parents spirituels, c'est le secret de votre réussite dans le ministère. Le truchement par lequel vos entreprises perdureront et se fructifieront. Ne commettez pas l'erreur d'abandonner votre église après avoir déshonoré votre père spirituel et décider d'établir votre propre ministère.

5. L'échelle des honneurs

La loi naturelle et divine se retournera tôt ou tard contre vous : « *On récoltera ce qu'on aura semé !* »

C'est étonnant de voir combien de personnes arrivent à expérimenter une dimension de prospérité dans leur vie à la suite d'enseignements d'un fidèle ministre de Dieu. Par la suite, ces mêmes personnes après un certain temps opèrent un revirement et commencent à critiquer de façon acerbe, se prétendant être plus intelligents, plus honorables que leur propre source de vie spirituelle au point qu'ils abandonnent indélicatement le ministère et encouragent même les autres à les suivre par une campagne de commérages.

Pour votre gouverne, sachez que Dieu punit sévèrement l'irrévérence envers les parents, quel qu'ils soient. Aucune incongruité commise envers un parent ne restera impunie devant Dieu. Les évidences d'un enfant « *déshonorant* » sont inacceptables, et l'enfant continuellement et obstinément rebelle devra être discipliné publiquement, si c'est nécessaire selon les instructions bibliques.

« Si un homme a un fils révolté et rebelle qui n'obéit ni à son père ni à sa mère, et reste insensible aux corrections qu'ils lui infligent, ses parents se saisiront de lui et l'amèneront devant les responsables de la ville à la porte de leur cité.

Ils déclareront aux responsables : Notre fils que voici est révolté et rebelle, il ne nous obéit pas, c'est un débauché et un ivrogne. Alors tous les hommes de sa ville lui jetteront des pierres, jusqu'à ce que mort s'ensuive. Ainsi vous ferez disparaître la souillure qu'entraîne le mal du milieu de vous. Tout Israël en entendra parler et sera saisi de crainte. » **(Deutéronome. 21 : 18-21 et 25)**

Le passage central en ce qui concerne « *honorer les parents* », on se le rappelle, est celui tiré des Dix commandements : « *Honore ton père et ta mère afin de jouir d'une longue vie dans le pays que l'Eternel ton Dieu te donne.* » **(Exode 20 : 12 et Deutéronome 5 : 16)**

Nota Bene : Voici quelques remarques importantes à propos de ce commandement

1- Le commandement est adressé aux enfants, précisant leur obligation envers leurs parents. Les termes « *père* » et « *mère* » sont synonymes de « *parents* », ainsi, nous avons souligné la stricte obligation pour les enfants d'honorer leurs parents.

2- Il n'y a aucune indication relative à l'âge des enfants qui doivent honorer leurs parents. Certaines fois, nous avons tendance à penser que ce commandement fut donné seulement aux petits enfants ou aux adolescents. Certaines personnes pensent que ce commandement devient obsolète avec l'âge, mais ce n'est pas le cas. D'autres passages appliqueront ce commandement général à des groupes d'âges spécifiques, mais ce principe n'est pas délibérément vague. Il concerne plus d'un. Tout le monde doit ou devrait honorer leur parent, biologique ou spirituel.

3- Il n'y a aucune action particulière exigée ici. Il n'est écrit nulle part ce qu'il faut faire pour honorer convenablement un parent. Et il n'est pas dit qu'un homme mérite le respect de son enfant parce qu'il a assumé responsablement sa fonction et qu'un autre ne le mérite pas parce qu'il est un menteur et un ivrogne. Les enfants ne sont pas instruits à faire quelque chose de particulier ou de précis pour honorer leurs parents.

5. L'échelle des honneurs

Nous devrions assumer, et de bon droit, que des actions différentes seront exigées en différentes occasions, pour différentes personnes. Le meilleur serait de scruter la profondeur des Écritures pour déterminer comment nous devons honorer nos parents à tout moment et à des occasions particulièrement.

Les Écritures de l'Ancien Testament fournissent beaucoup de détails concernant l'honneur et le déshonneur, en ce qui a trait aux parents. Quand les parents sont déshonorés, les enfants sont maudits (selon Exode 21 : 17 ; Lévitique 20 : 9 ; Proverbes 20 : 20) ou selon ce passage du livre de Proverbes, ils ne sont pas bénis (30 : 11).

Ce dédain pour les parents peut conduire à un châtiment physique (Exode 21 :c15 ; Proverbes 19 : 26), et même à partager le sort du destructeur (Proverbes 28 : 24). L'enfant peut déshonorer ses parents en menant un style de vie qui est contradictoire avec celui de ses parents et de la société, incluant la désobéissance, l'obstination, la rébellion, l'ivresse et la goinfrerie (Deutéronome 21 : 18-21).

4- Le cinquième commandement est le premier des commandements qui traite de nos obligations envers les hommes.

Les quatre premiers commandements traitaient des obligations des Israélites envers Dieu. Ce commandement introduit ceux qui précisent leurs devoirs en ce qui concerne les hommes. Cette exigence de l'Écriture se rapporte seulement à l'obligation de l'enfant envers les parents.

5- Le cinquième Commandement est le premier qui soit accompagné d'une promesse.

La promesse, comme je la comprends, comporte deux parties. Premièrement, c'est une promesse liée à une longue vie. Secondement, c'est une promesse d'une longue vie, vécue dans le pays de Canaan, c'est-à-dire dans la prospérité et le bonheur. La promesse d'une longue vie dans le pays de Canaan est donnée d'autre part, elle n'est pas seulement relatée dans le cinquième commandement. Mais il existe une récompense pour celui qui observe chacun des commandements de Dieu :

« *Voyez, je place aujourd'hui devant vous, d'un côté, la vie et le bonheur, de l'autre, la mort et le malheur. Ce que je vous commande aujourd'hui, c'est d'aimer l'Éternel votre Dieu, de suivre le chemin qu'il vous trace et d'obéir à ses commandements, ses ordonnances et ses lois. En faisant cela, vous aurez la vie, vous deviendrez nombreux et vous serez bénis par l'Eternel votre Dieu dans le pays où vous vous rendez pour en prendre possession.* » (**Deutéronome 30 :15-16**)

Si les enfants veulent honorer leurs parents, ils prendront le temps d'écouter leurs instructions. S'ils écoutent leurs instructions, ils obéiront toute à la Loi de Dieu. S'ils obéissent à la Loi de Dieu, ils ne froisseront pas leurs semblables. Au plan négatif, honorer les parents permettra à l'enfant d'éviter le mal comme le meurtre, l'adultère, le vol, le mensonge et l'envie.

5. L'échelle des honneurs

Vu plus positivement, honorer les parents traduit une très forte corrélation avec honorer les autres et prendre soin d'eux. Cela est beaucoup plus accentué dans ces deux passages de Proverbes :

« Il y a des gens qui maudissent leur père et qui n'ont pas un mot de reconnaissance pour leur mère, des gens qui se croient purs, bien qu'ils n'aient pas été lavés de leur souillure, des gens très hautains et qui regardent les autres de haut, des gens dont les dents sont des épées, et les crocs des couteaux, pour dévorer les malheureux et les faire disparaître de la terre, pour retrancher les pauvres du milieu des hommes. » **(Paroles du roi Lemuel, maximes que sa mère lui a enseignées Proverbes 30, 11-14)**

« Que te dirai-je, mon fils ? Que te conseillerai-je, ô mon fils bien-aimé ? Que te dirai-je, fils appelé de mes vœux, ne gaspille pas tes forces avec les femmes, ne te laisse pas mener par celles qui perdent les rois. Il ne convient pas aux rois, Lemuel, non, il ne convient pas aux rois de boire du vin ni à ceux qui gouvernent d'aimer les boissons enivrantes, car, après avoir bu, ils pourraient oublier les lois et léser les droits des victimes de la misère...Ouvre la bouche pour défendre ceux qui ne peuvent parler, pour défendre les droits de tous ceux qui sont délaissés.

Oui, parle pour prononcer de justes verdicts. Défends les droits des malheureux et des pauvres ! » **(Proverbes 31 : 1-5, 8-9)**

Celui qui ne se cache pas de maudire son père et sa mère, n'hésitera pas à maudire n'importe qui. L'enfant qui frappe ou vole ses parents ne trouvera pas difficile d'opprimer les autres. Le fils qui déshonore ses parents maltraitera aussi les autres. Le traitement des parents par quelqu'un est directement lié à son traitement vis-à-vis des autres hommes.

Il y a aussi une relation étroite entre honorer les parents et honorer Dieu. Ceux qui honorent Dieu doivent nécessairement honorer leurs parents. Ceux qui honorent leurs parents ont déjà commencé par honorer Dieu Lui-même. Nos pères physiques sont, d'un côté, les représentants de Dieu, instruisant et disciplinant leurs enfants à Sa place.

Il faut rappeler en dernier lieu qu'honorer les parents était une obligation de la plus haute importance, dans les « Dix commandements » et dans l'Antiquité hébraïque. La dérogation de cette loi y était sanctionnée par la peine de mort, selon les détails qui nous sont rapportés dans les Écritures.

6- Honorer Dieu comme notre Père n'est pas une excuse pour déshonorer nos parents.

Certains, comme les scribes et les pharisiens (en Matthieu 15 : 1-9 ; Marc 7 : 1-13), ont utilisé la « *conviction* » et la pratique religieuse comme excuses pour négliger leur obligation envers leurs parents. Sachez qu'aucune personne ne peut prétexter qu'elle déshonore un parent pour plaire à Dieu. Une telle astuce ne tiendra pas la route.

7- Nous honorons le plus nos parents quand nous obéissons et honorons Dieu.

Le plus grand but des parents est d'élever les enfants que Dieu leur a donnés de façon à encourager et promouvoir l'amour pour Dieu et l'obéissance à Sa Sainte Parole. Quand un enfant a confiance en Dieu et obéit à Sa sainte Parole, il honore ses parents. Même un parent non-croyant peut être honoré par un enfant croyant et obéissant.

5. L'échelle des honneurs

8- Nous honorons Dieu quand nous honorons nos parents.

Non seulement nous honorons nos parents quand nous honorons Dieu, mais aussi nous honorons Dieu quand nous honorons vraiment nos parents. Il y a deux raisons principales qui montrent que ce rapport est réciproquement vrai. Premièrement, nous honorons Dieu parce que nous obéissons à Son commandement en honorant nos parents. Honorer nos parents, quand c'est un acte d'obéissance à la Parole de Dieu, c'est honorer Dieu. Ainsi, nous voyons que la norme est qu'en honorant les parents, nous accomplissons deux choses à la fois : « Nous rendons honneur aux parents et à Dieu. »

9- Mais si quelqu'un a des parents qui ne sont pas dignes d'honneur ?

Que ce soit bien clair : il n'existe aucun parent, quel qu'il soit, qui soit indigne de respect et d'honneur. La Bible n'a pas précisé quel parent mérite l'honneur d'un enfant. Elle a juste ordonné que tout enfant honore ses parents.

D'un autre côté, nous connaissons beaucoup d'enfants dont les parents ont tout fait pour ruiner leur vie. Certaines fois, les enfants qui ont été abusés émotionnellement, physiquement, ou sexuellement devront vivre avec les effets de cette agression pour le reste de leur vie. Comment ces enfants peuvent-ils, malgré cela, honorer leurs parents ?

Cependant, la réponse à cette question demeure évidente : honorer ses parents, c'est honorer Dieu. Quand nous honorons nos parents, nous reconnaissons qu'ils ont été destinés par Dieu à être nos géniteurs et à mériter toute notre estime. Honorer un parent qui est apparemment indigne de considération ne peut se faire que si nous reconnaissons que Dieu l'a prédestiné à cette fonction, et qu'en vertu du principe divin cette personne mérite d'être honorée non pour sa performance parentale, mais plutôt pour position de parent ordonnée par Dieu.

Le principe précédent peut être illustré ainsi :

La Bible nous exhorte à honorer d'autres personnes – un roi, par exemple. Elle nous dit clairement que nous devons honorer les rois (Romains 13 : 1-7 ; 1 Pierre 2 : 17). Dans le contexte de ces commandements, ce personnage (le roi) doit être honoré en vertu de sa position, et non pour sa performance en tant que monarque.

Dans le chapitre 13 de l'Épître aux Romains, l'apôtre Paul dit clairement que les rois doivent être honorés et obéis parce qu'ils ont été nommés par Dieu. Le fait qu'ils aient le poste est une évidence de la nomination de Dieu (Romains 13 : 1-2). Ainsi, honorer un roi cruel et impitoyable est aussi admis, non parce qu'il est digne de respect, mais parce qu'il s'acquitte d'une position d'honneur par la volonté souveraine de Dieu.

De même, quand un enfant rend honneur à un parent indigne et méchant, il le fait parce qu'il reconnaît que Dieu l'a destiné à occuper cette position d'autorité et d'honneur, il se soumet à la volonté souveraine de Dieu. Et parce qu'il sait que Dieu laisse arriver certaines choses pour le bien de la vie du croyant, il réalise bien que des parents peuvent faire des choses horribles dans le but d'infliger certaines peines aux enfants, Dieu les a permises dans un but particulier, favorable quoique souvent insaisissable à notre intelligence humaine.

Cependant, les faits demeurent qu'honorer un parent indigne ouvre la porte pour un enfant obéissant et respectueux de voir à l'œuvre et favorablement la bonne main de Dieu, lorsqu'à son tour il devra jouer

5. L'échelle des honneurs

son rôle de parent. Et qui sait ? Quelquefois, les défaillances d'un parent, dans certains cas, peuvent faciliter la force correspondante d'un enfant. Dans un tel cas de figure, la déficience du parent ne peut qu'être un moindre mal. Toute chose ayant concouru au bien-être de celui qui honore Dieu.

10- Honorer les parents ne veut pas toujours dire que l'enfant fait ce que ses parents veulent.

Les pères et mères ne doivent pas être honorés parce qu'ils sont parfaits, mais parce qu'ils sont parents. Ils sont, comme leurs enfants, troublés par la perversité de l'humanité. Ils peuvent pécher, se tromper et succomber à des moments de faiblesse, tout comme les enfants. Ils feront donc beaucoup d'erreurs dans leur condition de parents humains. Des fois, ils ordonneront à leurs enfants d'accomplir de mauvaises choses ou de pas très louables. Certaines fois, ils leur interdiront de faire ce qui est bien et honorable. Cela ne leur déméritera pas pour autant l'honneur qui leur est dû.

Un jeune enfant doit assumer le fait que ses parents ont toujours raison, parce qu'ils ont acquis avec le temps plus d'expériences et de sagesse. S'il survient un échec, quand l'enfant commence à mûrir, il va questionner certaines décisions prises par ses parents.

Un enfant peut-il désobéir quand l'obéissance à sa mère signifie désobéir aux principes de Dieu ? Pour ma part, je peux imaginer la désobéissance d'un enfant seulement quand la Bible en parle directement.

Par exemple, un enfant qui refuse de participer à une forme d'abus sexuel pratiquée par ses parents ou par d'autres adultes. À un certain moment, un enfant réalisera que le parent pèche, et trouvera nécessaire de le lui dire. Dans ce cas, l'enseignement de Paul de corriger un homme âgé, comme un père (1 Timothée 5: 1) nous instruit que les parents (et personnes âgées) doivent être réprimandés gentiment et avec respect.

Dans le cas d'abus, quelles nouvelles mesures l'enfant peut-il adopter pour que cela cesse ?

Ceux qui ont des parents âgés au point qu'ils sont devenus confus, désorientés ou même révoltés se trouvent eux-mêmes dans la position difficile d'avoir à discipliner leurs parents, tout comme leurs parents eurent à les discipliner quand ils étaient plus jeunes. La façon dont une personne honore ses parents peut varier d'un cas à un autre. Il faut juste savoir ce qu'il faut faire, quand et comment il faut le faire.

11- Quelques facteurs ayant tendance à détruire l'honneur envers les parents.

- L'impact de la technologie

Dans les temps anciens, les hommes qui étaient souvent des artisans avaient appris leur métier de leur père. Il leur fallut des années pour arriver au niveau d'ascendant, et ils ne pouvaient les dépasser que graduellement. À ce moment-là, le père était âgé. Les pères mouraient plus tôt, et il n'y avait pas d'assistance médicale disponible comme aujourd'hui dans nos hôpitaux.

5. L'échelle des honneurs

Actuellement, un enfant à l'école élémentaire peut apprendre des choses dont les parents ignorent. Ainsi, chaque nouvelle génération peut surpasser rapidement la précédente dans les connaissances acquises. Il y a une tendance en vogue dans la nouvelle génération qui prône que les parents sont démodés, archaïques en ce qui a trait à la réflexion. Dans une société où la connaissance a plus de valeur que la sagesse, la génération plus âgée est vouée au risque d'être respectée, encore plus d'être honorée par la génération plus jeune.

- À cause de l'augmentation rapide du taux des divorces, les enfants sont souvent appelés à honorer un parent et à détester l'autre

Aucun parent ne semble digérer l'idée qu'un ancien compagnon ait le respect de son enfant. Sinon, la psychologie freudienne n'aurait pas fourni à chaque génération une excuse pour blâmer tous ses problèmes pour imputer la faute à ses ancêtres. D'innombrables expéditions dans les passés parentaux ont fourni à beaucoup d'individus une excursion chère dans l'histoire passée pour incomber le blâme de leurs péchés à quelqu'un d'autre, souvent, un ou les deux parents.

- Les enfants suivent l'exemple de leurs mères

Souvent dans une famille monoparentale où c'est la mère qui essaie de jouer à elle seule les deux rôles, les enfants ont tendance à entretenir du déshonneur à l'égard de leur père. Si pour une raison légitime, une femme martèle à ses enfants affamés que s'ils n'ont pas d'assurance alimentaire c'est parce que leur bon-à-rien de père ne payait pas de pension, elle alimente sans le savoir ou à dessein la haine dans le cœur des enfants pour leur père et elle crée de l'aversion chez ses filles pour les hommes.

C'est donc à bon escient que l'apôtre Pierre a écrit sur ce sujet en enseignant aux femmes de respecter et d'honorer leurs maris. Peu importe qu'ils soient bons ou mauvais, toute femme se doit d'être respectueuse et clémente à l'égard de son mari :

« *Femmes, soyez de mêmes soumises à vos maris, afin que, si quelques-uns n'obéissent point à la parole, ils soient gagnés sans parole par la conduite de leurs femmes.* » (**I Pierre 3, 7**)

d. Le quatrième échelon de l'échelle des honneurs : les autorités étatiques

Les autorités étatiques désignent d'abord les élus locaux (les maires, les assèques, cassèques et délégués de ville), les députés et les sénateurs, les autorités judiciaires (juges, greffiers de tribunal civil), la police, le chef du gouvernement, les ministres, le président et toute personne placée ou élue a un rang élevé de commandement public.

Nous devons nous soumettre et honorer les autorités publiques parce qu'elles ont été établies par Dieu. Paul a dit que celui qui honore une autorité honore Dieu qui a établi non point la personne mais la fonction. « *Que toute personne soit soumise aux autorités supérieures [...] Car il n'y a point d'autorité qui ne vienne de Dieu, et les autorités qui existent ont été instituées de Dieu.* » (**Romains 13, 1-7**)

« *Rendez à tous ce qui leur est dû : l'impôt à qui vous devez l'impôt, le tribut à qui vous devez le tribut, la crainte à qui vous devez la crainte, l'honneur à qui vous devez l'honneur.* »

5. L'échelle des honneurs

« *Rappelle-leur d'être soumis aux magistrats et aux autorités, d'obéir, d'être prêts à toute bonne œuvre.* » (**Tite 3, 1**)

Pour sa part, l'apôtre Pierre enseigne en ces termes sur la question de l'obéissance civile et du respect de l'autorité :

« *Soyez soumis, à cause du Seigneur, à toute autorité établie parmi les hommes, soit au roi comme souverain, soit aux gouverneurs comme envoyés par lui pour punir les malfaiteurs et pour approuver les gens de bien. Car c'est la volonté de Dieu qu'en pratiquant le bien vous réduisiez au silence les hommes ignorants et insensés, étant libres, sans faire de la liberté un voile qui couvre la méchanceté, mais agissant comme des serviteurs de Dieu. Honorez tout le monde ; aimez les frères ; craignez Dieu ; honorez le roi.* » (**I Pierre 2 : 13-17**)

Vous honorez vos autorités étatiques, quand vous :

- *Payez fidèlement les taxes* (**Mathieu 22, 17-21**)

- *« Rendez à tous ce qui leur est dû »* (**Romains 13, 7**)

- *Honorez les gouvernants civils* (**Romains 13, 1-7 ; Exode 22, 28 ; Actes 23, 5 ; I Pierre 2, 13-17**)

- *Priez pour les dirigeants politiques* (**I Timothée 2, 1-2**)

- *Obéissez aux lois civiles* (**Romains 13, 1-7 ; Esdras 7**)

- *Ne maudissez pas les gouvernants ou dirigeants* (**Ecclésiaste 10, 20**)

- *Vous participez sainement aux activités politiques et citoyennes du pays.*

- *Vous dénoncez les vrais coupables.*

« *Ne maudis pas le roi, même dans ta pensée, et ne maudis pas le riche dans la chambre où tu couches ; car l'oiseau du ciel emporterait ta voix, l'animal ailé publierait tes paroles.* » (**Ecclésiaste 10, 20**)

e. Le cinquième échelon de l'échelle des honneurs : les veuves et les vieillards

« *Tu te lèveras devant les cheveux blancs, et tu honoreras la personne du vieillard, tu craindras ton Dieu. Je suis l'Eternel.* » (**Lévitique 19 : 32**)

Nous autres jeunes devons honorer les vieillards pour leurs expériences de vie, leurs capacités de survie. Quand nous déshonorons un personnage âgé, nous repoussons et rejetons en même temps la grâce qui l'accompagnait et qui était à la base de sa longue vie.

« *Lorsqu'ils eurent passé, Élie dit à Élisée : Demande ce que tu veux que je fasse pour toi, avant que je sois enlevé d'avec toi. Élisée répondit : Qu'il y ait sur moi, je te prie, une double portion de ton esprit !*

Élie dit : Tu demandes une chose difficile. Mais, si tu me vois pendant que je serai enlevé d'avec toi, cela t'arrivera ainsi ; sinon, cela n'arrivera pas.

Élisée regardait et criait : Mon père ! Mon père ! Char d'Israël et sa cavalerie ! Et il ne le vit plus. Saisissant alors ses vêtements, il les déchira en deux morceaux. » (**II Rois 2 : 9**)

« *Honore les veuves qui sont véritablement veuves.* » (**I Timothée 5 : 3**)

5. L'échelle des honneurs

Il y a, dans le deuxième livre des Rois, une histoire relatant le sort de quelques enfants insolents qui avait une attitude déshonorante qui valait sa lourde conséquence. Ces petits garçons ont été déchiquetés par une bête sauvage pour avoir ridiculisé un vieil homme.

« Élie monta de là à Béthel ; et comme il cheminait à la montée, des petits garçons sortirent de la ville, et se moquèrent de lui. Ils lui disaient : Monte, chauve ! Monte, chauve !

Il se retourna pour les regarder, et il les maudit au nom de l'Éternel. Alors deux ours sortirent de la forêt, et déchirèrent quarante-deux de ces enfants. » **(Chapitre 2, verset 23)**

f. Le sixième échelon de l'échelle des honneurs : tout le monde

Il y a en chaque homme et en chaque femme un aspect du Divin qui nous impose à tous d'admirer, de respecter et d'honorer. C'est Christ en nous, l'espérance de la gloire.

Indépendamment de la couleur de peau, de la race, du genre, de l'appartenance sociale ou religieuse, nous devons respect mutuel et honneur réciproque. Honorez tout le monde, a écrit l'apôtre Pierre, et cela sans faire une quelconque distinction. (I Pierre 2,17)

De ce fait, il faut montrer une attitude d'honneur Divine envers tous, mêmes ceux qui ne servent pas le Christ, Lui demandant de nous montrer la valeur qu'il a placée dans les gens que nous voyons tous les jours, et à agir en conséquence.

« *Par amour fraternel, soyez pleins d'affection les uns pour les autres ; par honneur, usez de prévenances réciproques.* » (**Romains 10 : 12**)

« *Serviteurs, obéissez à vos maîtres selon la chair, avec crainte et tremblement, dans la simplicité de votre cœur, comme à Christ, non pas seulement sous leurs yeux, comme pour plaire aux hommes, mais comme des serviteurs de Christ, qui font de bon cœur la volonté de Dieu.*

Servez-les avec empressement, comme servant le Seigneur et non des hommes, sachant que chacun, soit esclave, soit libre, recevra du Seigneur selon ce qu'il aura fait de bien.

Et vous, maîtres, agissez de même à leur égard, et abstenez-vous de menaces, sachant que leur maître et le vôtre est dans les cieux, et que devant lui il n'y a point d'acception de personnes. » (**Éphésiens 6 : 5-9**)

g. Le septième échelon de l'échelle des honneurs : vos sources de vie

Une source de vie est un « *être* », une entité qui est un donneur, un auteur ou un pourvoyeur de vie. Par exemple, un père ou une mère physique qui produit la vie humaine. Un père spirituel ou une mère spirituelle produisant la vie spirituelle. Toutes les sources proviennent de Dieu, quand la source est déshonorée, la souveraineté de Dieu est interrogée. Cela entraînera le retrait de la bénédiction et la faveur de Dieu.

Aussi, Dieu nous recommande d'honorer toute « *source de Vie* ». À chaque fois que vous déshonorez « *votre source de Vie* », vous donnez accès aux attaques démoniaques, vous activez la pauvreté et les malédictions générationnelles, et toutes sortes de sécheresse et famine

5. L'échelle des honneurs

dans votre vie. Si vous brisez vos chaînes, vous vous libèrerez, mais si vous coupez vos racines, vous entraînerez votre mort.

h. Le huitième échelon de l'échelle des honneurs : le don de Dieu en vous

Le don de Dieu, c'est son Esprit qui demeure en nous. Sans ce don, nous ne sommes rien qu'un amas de chair, de muscles et d'os qui se dessèche, meurt et disparaît plus vite que l'intelligence bornée ne peut l'imaginer. L'Esprit de Dieu nous retient près de Dieu. Et c'est également là, dans notre esprit, que nous ressemblons véritablement à Dieu. Si donc nous nous approchons de Dieu, alors la grandeur est en nous, et par conséquent, conférons de l'honneur à cela.

« Ne néglige pas le don qui est en toi, et qui t'a été donné par prophétie avec l'imposition des mains de l'assemblée des anciens. » **(I Timothée 4, 14)**

« Puisque nous avons des dons différents, selon la grâce qui nous a été accordée, que celui qui a le don de prophétie l'exerce selon l'analogie de la foi. » **(Romains 12, 6)**

i. Le neuvième échelon de l'échelle des honneurs : le double honneur des anciens

« Que les anciens qui dirigent bien soient jugés dignes d'un double honneur, surtout ceux qui travaillent à la prédication et à l'enseignement. » **(I Timothée 5 :17)**

Dans ce passage, le terme « ancien » n'évoque pas seulement et nécessairement un facteur d'âge ou de désuétude. Il se réfère plutôt à l'expérience. Celle qui a été éprouvée lorsque vous étiez en train d'apprendre à parler. Quelqu'un qui a relevé les défis que vous n'osez même pas imaginer. Quelqu'un qui a rampé là où il n'est plus nécessaire que vous rampiez si vous acceptez de l'écouter en suivant ses directives.

Cela signifie, dans le contexte de notre approche, qu'être ancien c'est faire preuve de plus de maturité, davantage de sagesse et de compréhension au regard de circonstances parfois défavorables. Cette première approche décrit d'emblée le mérite d'un ancien, digne d'honneur et de respect.

Les anciens qui dirigent ou qui travaillent à la prédication et à l'enseignement, ce sont ceux qui partagent la maturité et l'expérience qu'ils ont acquises au cours de leur vie.

Ces anciens ne font pas uniquement preuve de mérite d'avoir vécu dignement, mais encore ils portent le fardeau de transmettre leurs savoirs à la génération suivante.

Ces gens sont dignes d'un double honneur en ce sens que nous devons les honorer dans notre comportement, c'est-à-dire en agissant d'une manière qui les incite à continuer à œuvrer dans leur travail et dans notre esprit, c'est-à-dire que jamais, nous ne méditerons quoique ce soit de diffamant, de ridicule ni de honteux à leur endroit. Ce faisant, nous nous attirerons leurs bénédictions et nous nous qualifierons à devenir « *ancien* » pour les plus jeunes.

6. Comment montrons-nous de l'honneur ?
Mettons notre devoir au propre

S'il nous est recommandé d'honorer des gens qui sont, en partie, responsables de notre devenir, il devient crucial de ne pas négliger un tel devoir et de savoir de façon claire et détaillée comment nous devons le faire. Voici, pour cela, un passage biblique approprié qui illustre notre démarche :

« *L'Éternel parla à Moïse, et dit : prends la verge, et convoque l'assemblée, toi et ton frère Aaron. Vous parlerez en leur présence au rocher, et il donnera ses eaux ; tu feras sortir pour eux de l'eau du rocher, et tu abreuveras l'assemblée et leur bétail.*

Moïse prit la verge qui était devant l'Éternel, comme l'Éternel le lui avait ordonné. Moïse et Aaron convoquèrent l'assemblée en face du rocher. Et Moïse leur dit : Écoutez donc, rebelles ! Est-ce de ce rocher que nous vous ferons sortir de l'eau ? Puis Moïse leva la main et frappa deux fois le rocher avec sa verge.

Il sortit de l'eau en abondance. L'assemblée but, et le bétail aussi.

Alors l'Éternel dit à Moïse et à Aaron: Parce que vous n'avez pas cru en moi, pour me sanctifier aux yeux des enfants d'Israël, vous ne ferez point entrer cette assemblée dans le pays que je lui donne. » (**Nombres 20 : 7-12**)

Ce passage, assez explicite, relate que l'honneur se manifeste par l'obéissance. Jésus a dit : « *Vous m'appelez Maître, Seigneur, et cependant vous ne faites pas ce que je dis.* » Cela signifie que vous ne pouvez honorer quelqu'un sans lui être soumis en se conformant à ce qu'il ordonne ou défend. L'honneur est d'abord une pratique d'humilité et de soumission. Vous ne pourrez en donnez la preuve qu'en vous sacrifiant pour être élevé au temps convenable.

A. La meilleure façon d'honorer un père spirituel, un leader ou une autorité

- Mettez en pratique la parole de Dieu qu'il ou qu'elle enseigne.

- Faites l'effort pour pouvoir grandir spirituellement.

- Ne le calomniez pas ni ne fréquentez pas ceux qui le font.

- Demandez pardon d'abord à Dieu et à vos leaders si vous l'avez déshonoré par le passé.

- Remerciez toujours le Seigneur pour lui et pour son empreinte dans votre vie

- Partagez vos richesses matérielles avec lui.

B. La meilleure façon d'honorer vos parents biologiques

- Donnez-leur souvent un appel de courtoisie et de respect.

- Prenez le temps de les écrire.

- Remerciez-les pour le rôle important qu'ils ont joué et jouent encore en vous donnant la vie.

- Demandez-leur de vous pardonner pour vos comportements répréhensibles passés.

- Priez souvent pour eux et dire du bien en leur présence comme en leur absence.

- Remerciez Dieu pour leur empreinte dans votre vie.

- Partagez vos richesses avec eux : qu'ils croient le mériter ou non.

C. OÙ ALLONS-NOUS À PARTIR DE LÀ ?

Aller vers l'avenir, c'est retourner à nos fondations.

La fondation non visible est la plus importante partie qui tienne une structure solidement établie. Votre capacité à faire face aux vicissitudes de la vie et les surmonter dépend de la qualité et la solidité de votre fondation. Nous devons retourner à la source de notre croissance pour en réparer minutieusement la fondation.

« *C'est pour cela, quiconque entend ces paroles que je dis et les met en pratique, sera semblable un homme prudent ayant bâti sa maison sur le roc.* » **(Voir Matthieu 7 : 24)**.

7. Comment restaurer l'honneur
Repartir à zéro

A. Les marches à suivre :
- Acceptez votre responsabilité : Finies les excuses !

- Repentez-vous vis-à-vis de Dieu et par-devant les gens que vous avez déshonorés, et renoncez à ce type de comportement.

- Plantez une semence d'honneur ou ensemencez un grain d'honneur dans la terre fertile de votre vie.

B. Considération dans le livre de Job

« *Après que l'Éternel eut adressé ces paroles à Job, il dit à Éliphaz de Théman : ma colère est enflammée contre toi et contre tes deux amis, parce que vous n'avez pas parlé de moi avec droiture comme l'a fait mon serviteur Job.*

Prenez maintenant sept taureaux et sept béliers, allez auprès de mon serviteur Job, et offrez pour vous un holocauste. Job, mon serviteur, priera pour vous, et c'est par égard pour lui seul que je ne vous traiterai pas selon votre folie ; car vous n'avez pas parlé de moi avec droiture, comme l'a fait mon serviteur Job.

Éliphaz de Théman, Bildad de Schuach, et Tsophar de Naama allèrent et firent comme l'Éternel leur avait dit : et l'Éternel eut égard à la prière de Job.

L'Éternel rétablit Job dans son premier état, quand Job eut prié pour ses amis ; et l'Éternel lui accorda le double de tout ce qu'il avait possédé. » (**Chapitre 42, versets 7-10, version Louis Segond**)

« *Moïse cria à l'Éternel, en disant : Ô Dieu, je te prie, guéris-la.* » (**Nombres 12, 13**)

Nota Bene : *Que se passe-t-il si la personne est déjà morte ? Confessez-le à Dieu et faites une semence en leur honneur.*

C. Qu'adviendra-t-il si vous ne vous en repentez pas ?

- La lèpre spirituelle affectera votre jugement et vous ne pourrez plus entendre la voix de Dieu.

- La lèpre spirituelle attaquera votre système nerveux spirituel et vous ne pourrez plus sentir la présence de Dieu (au point que certaines gens abandonneront leur congrégation pour se rendre à une autre, quand cela se produit vous ne pensez que ce sont eux le problème et qu'ils sont destinés à être improductifs partout où ils sont, jusqu'à ce qu'ils s'en repentent.)

- Vous manquerez le meilleur de Dieu dans votre vie.

D. Les conséquences du déshonneur sont inéluctables

Comme nous le disions, la dérogation à la loi divine n'est jamais un acte gratuit. La conséquence s'avéra évidente tôt au tard dans votre vie. C'est pour cela qu'il n'est jamais avantageux pour un homme de lutter contre Dieu en désobéissant prestement et de façon délibérée aux lois qu'Il a édictées dans Sa Parole.

Voici, pour illustrer ce que nous venons d'avancer, une liste de personnes qui ont connu la mort prématurée, à cause de leur comportement déshonorant. La liste n'en serait nullement exhaustive : Jonathan, Samson, Absalom, les adolescents qui se sont moqués d'Élysée, le vieux prophète.

Une vie misérable est donc le partage des infidèles. Jacob fit usage de ruse pour tromper son père, et en paya désastreusement la conséquence. Le scénario de ce passage justifiera éloquemment cette notion :

« *Pharaon dit à Jacob: Quel est le nombre de jours des années de ta vie ? Jacob répondit à Pharaon: Les jours des années de mon pèlerinage sont de cent trente ans. Les jours des années de ma vie ont été peu nombreux et mauvais, et ils n'ont point atteint les jours des années de la vie de mes pères durant leur pèlerinage.* » **(Voir Genèse 47 : 8-9)**

Conclusion

Il était un temps où l'homme croyait absurdement que Dieu avait édicté Sa loi à Son profit personnel, afin de maintenir l'humanité sobrement subordonnée et soumise. Ce n'est pas qu'on ne faisait aucune allusion au fait que Dieu était Amour, mais il était toujours décrit comme un amour tout autre dont nous connaissons la définition. Un amour abstrus et conditionnel que les mortels devaient tout simplement prendre pour acquis, sans essayer de le comprendre.

Cet amour semblait totalement possessif et exigeant et ses qualités n'avaient d'égal que la sévérité des punitions infligées en cas de désobéissance. Aussi était-il préférable pour l'être humain d'intelligence moyenne de n'engager aucune forme de relation avec un tel Dieu. Comme on enseignait qu'Il vous possédait de toute façon, il ne semblait pas y avoir de moyen par lequel un pauvre mortel pouvait éviter le « *gros œil* » dans le ciel.

À mesure que la conscience se développe et que la loi de Dieu devient plus apparente, il est évident que c'est l'inverse de ce syllogisme qui est vrai. La loi existe pour le bénéfice de l'homme parce que Dieu nous aime et ne désire que ce qu'il y a de mieux pour ses enfants, rebelles ou obéissants. Les règles existent simplement pour nous aider à grandir, à devenir meilleurs et que nous jouissions d'une vie heureuse et rassasiée de jours.

L'honneur, comme l'ensemble des lois de Dieu, est accompagné d'une promesse dont le Législateur S'est porté Lui-Même garant de son application :

« *Et toi, tu reviendras à l'Éternel, tu obéiras à sa voix, et tu mettras en pratique tous ces commandements que je te prescris aujourd'hui. L'Éternel, ton Dieu, te comblera de biens en faisant prospérer tout le travail de tes mains, le fruit de tes entrailles, le fruit de tes troupeaux et le fruit de ton sol ; car l'Éternel prendra de nouveau plaisir à ton bonheur, comme il prenait plaisir à celui de tes pères, lorsque tu obéiras à la voix de l'Éternel, ton Dieu, en observant ses commandements et ses ordres écrits dans ce livre de la loi, lorsque tu reviendras à l'Éternel, ton Dieu, de tout ton cœur et de toute ton âme.* » (**Deutéronome 30 : 8-10**)

Osons-nous encore douter de Dieu ? Cependant, Il a créé l'univers impénétrable à nos petits sens physiques, il a conçu notre corps avec une précision parfaite ; Il a fait circuler notre sang et fait battre notre cœur. Que peut-Il faire encore qui ne puisse nous surprendre ?

La loi de Dieu a été créée pour nous servir et non pour nous asservir. Il y a une roue de justice éternelle qui fait que ce nous ensemençons aujourd'hui, nous le récolterons à coup sûr demain. L'honneur que nous octroyons à Dieu, à nos parents, aux vieillards, aux autorités civiles, policières, judiciaires ou à toute personne qui en est digne, nous l'expérimentons dans une large mesure et nous nous rappellerons toujours cette expérience. À présent, la question est de savoir : quel souvenir aimerions-nous avoir ? Tout compte fait, Dieu a bien fait sa part, à nous de bien faire la nôtre.

Dans la vie, on se souviendra de vous d'une façon ou d'une autre, soit pour avoir résolu des problèmes, soit pour en avoir causés. À vous de savoir de quelle manière aimeriez-vous qu'on se souvienne de vous.

www.ingramcontent.com/pod-product-compliance
Lightning Source LLC
Chambersburg PA
CBHW071035080526
44587CB00015B/2631